都云作者痴

谁解其中味……

李放 著

天津杨柳青画社

图书在版编目（CIP）数据

都云画者痴　谁解其中味 / 李放著. —天津：天津杨柳青画社，2006.10
ISBN 7-80738-144-2

Ⅰ.都…　Ⅱ.李…　Ⅲ.成法－传记－画册
Ⅳ.K825.72-64

中国版本图书馆 CIP 数据核字（2006）第 108237 号

出 版 人：刘建超
出 版 者：天津杨柳青画社
地　　址：天津市河西区佟楼三合里 111 号
邮政编码：300074
市场营销部电话：（022） 23346078　28374517　23352512
传　　真：（022） 23330487
邮购部电话：（022） 28350624
网　　址：www.ylqbook.com
制　　版：北京精制轩彩色制版有限公司
印　　刷：北京地大彩印厂
开　　本：787mm × 1092mm　1/16
印　　张：6
版　　次：2006 年 10 月第 1 版
印　　次：2006 年 10 月第 1 次印刷
印　　数：1－2 000 册
书　　号：ISBN 7-80738-144-2/J · 144
定　　价：45 元

序

●姜　昆

非常高兴李放先生的这本《都云画者痴，谁解其中味》即将问世。这是书画家成法（原名姬进春）的一本画传，真实记录了他三十余年在艺术之路的艰苦探索。“都云作者痴，谁解其中味”这是曹雪芹为创作《红楼梦》所付出的艰辛和痴情。而成法为创作《红楼梦》书法长卷和用油画技法绘制《红楼梦》人物也是心血尽染，耗尽所有。

十五年前我认识成法的时候，他是成都军区的一名文化干部。成法是他的笔名，他的原名叫姬进春。初识他就给我留下了深刻的印象，他的个子不高，典型南方人，能书善画，言语极少。那时候他给我看了一些作品，主要是书法，有几幅油画。

当初成法的书法给我印象最突出的是两个字——执着。为什么会有这么两个字在我脑海中出现呢？因为我也爱书法。我认为大都现在的年轻人，书法年纪为数不长，有些人却爱在自己的书法呈现出一点古朴、拙意，而显示自己的深厚与锋芒。他们愿多方拜师受益，也愿在自己的书法中尽量呈现晋韵唐风。有效右将军之研美的，也有仿怀素之飞动的；有喜江南之灵气的，也有好中原之雄强的；有把好笔戳烂以涩笔现苍茫的，也有改沉稳为挥洒以漫笔表达朦胧的。总之，年轻人的求新逐异和他们的年龄一样，有火热青春符号，也有可数年轮的稚嫩。

可不到三十岁的成法，就是坚持写楷书、写隶书，方方正正、一笔一画、横平竖直，写一个是一个。右手能写楷书，左手也能写楷书，而且一篇作品就上百字。字透纸背，见力见功。在他的字里能看到从容、儒雅之风情，也能领略到英侠浩然之正气，唯一想不到的是当时他还不到三十岁的年龄。

我感到了他所宗中国书法精髓的那种韧劲，所以我油然在脑海里升腾出两个汉字——执着。

之后我又看了他的油画，大工笔，超写实！油画画得和照片一样，甚至比照片更细，这是我从来没见过的。我看过街头画像者，按相片打格画，形象逼真，但是最大的夸奖是："和相片似的。"但成法的画让你震撼、怀疑，他在人物画法上绝对是超写真、大逼真。真的你难以相信有人会用这么细致的笔锋和颜料描绘如此之精细的画图。让你怀疑作者会用什么样的功夫去完成几乎像工程一样的作品？这是什么样的毅力？什么样的艺术追求？才能让人如此精心的创作。

和他认识以后，一直想找到他，但是找不到。我给了他一个评语："有来没回。"其实他不是没回，而是回的年头和来的年头距离太长！我们隔断音信五年，他给我拿来了1.81m×4.5m一张描写第三代领袖江泽民同志与民同乐的《知音图》；又有四年断了音信，他又画出了非常精美的《雅芳图》！如果没有深居简出、潜心绘制、割断一切联系的作法，哪儿能出得来这样的艺术精品？成天忙于应酬、开会、宴会、交际，能有时间去精雕细刻艺术精品吗？

他自己创作了书法碑帖，在字型上尊古厚今，写出颇有特点的楷书、隶书，准备为电脑字库提供新的字型。他为了创作这个字库，家里人都整整三个半月没有找到他，待他拿着字回来时，蓬首垢面，好像连话也说不连贯了，他用苦行僧的方式写出了这本字库集，让多少人看了后不得不佩服成法的创造精神和惊人毅力。

成法不是不食人间烟火的，画和字是他生活的依托。他对生活的热爱，不是外在的，是非常含蓄的，埋在心底的。你从他的作品中得到的是希冀，安静，洒脱和浩然。但是在看了他的创作字画以后你会渐渐地发现后面的热情和活力，能让你一点点地领略艺术的魅力就在于，他在开始的时刻追求是完美，大众的完美，但在他不断地创造学习和探索中，他追求的是与大众之美并不矛盾的画家鲜明的个性。懂艺术的人，追求艺术的人会日臻完善的。在这一点上实际上我也是一生都在希望着。

我不懂字画，但我认识成法，我没有资格多评论他的作品，所以我写了我所了解的成法。

目录

一、为了心中永远的芳草

枝上柳絮吹又少，天涯何处无芳草。

——苏东坡

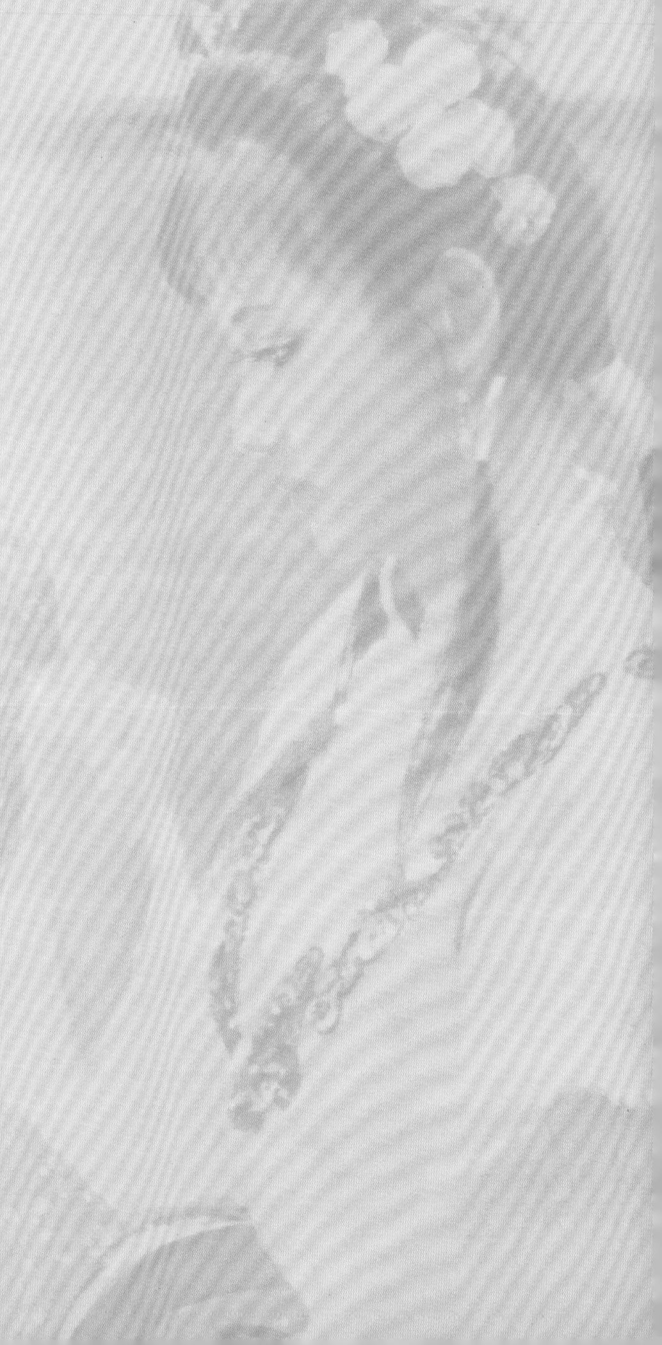

雅芳图 （油画）

“满纸荒唐言，一把辛酸泪。都云作者痴，谁解其中味”。曹雪芹的《红楼梦》与其说是字字珠玑，不如说是字字带血。一方面该书是对腐朽、黑暗的封建社会染泪滴血的控诉。另一方面作者为了成就这部中国小说史上的巅峰之作，披阅十载，增删五次，举家食粥，耗尽心血。后人追思先哲的时候，无不触目伤怀，感概万端。《红楼梦》无疑是对成法（曾用名姬进春）影响最大的一部古典文学作品。他不但无数遍地读她、想她、为她茶饭不思。更为登峰造极的是他用1286种书法风格抄写《红楼梦》，用油画技法画出了一个个鲜活的“红楼”人物。

“滴不尽相思血泪抛红豆，开不完春柳春花满画楼。睡不稳纱窗风雨黄昏后，忘不了新愁与旧愁。咽不下玉粒金药噎满喉，照不尽菱花镜里形容瘦。展不开的眉头，捱不明的更漏。恰便似遮不住的青山隐隐，流不断的绿水悠悠。”成法的《雅芳图》正是这种青山隐隐，绿水悠悠的最好写照。

该画高1.29米，长4.31米。鸿篇巨制，气象万千。而且每个人物都栩栩如生，呼之欲出。让人一看便知是“金陵十二钗”。成法创作《雅芳图》过程是非常艰辛的，从2001年就开始创作整整用了四年多时间。四年间的一千五百多个日日夜夜，他几乎都是在画前度过的。

以往国人画“金陵十二钗”都是用国画技法画画。而真正尝试用油画技法并且画出如此巨大尺幅的“金陵十二钗”，古今中外成法是第一人。

成法在创作伊始，本想在道具上多下功夫，比如去北京、杭州、南京等古都去找寻各种前清时期的家具。但他的一个朋友劝他：“艺术是源于生活的，高于生活的，道具要完全与那个时代

相符是不可能的。”所以在桌椅等道具上面只能这样诠释。但成法在人物的眼神、神态、服饰、发式等方面做到了尽量相符。

但要考究300多年前的事，难度非常大。而为了考究这些事情，成法查阅了大量的资料。还请大学里的古典文学教授、红学专家为他“开小灶”。向云南省花灯团的服装设计师朱晓华探询十二钗的服饰。发饰设计上请了一个很要好的朋友老前辈张培英。她是云南省话剧团著名的化妆师，曾经专门给扮演毛泽东的演员古月化妆，张培英通过看书和电视连续剧反复的对比设计出各种发式。包括金钗在头发上面怎么戴都是有规矩的，留刘海的都是没有出嫁的姑娘。王熙凤，贾元春，秦可卿、李纨都已经出嫁了，就没有刘海，这是非常讲究的。姑娘和媳妇是一目了然的。而从发式上也能看出一个人的身份高低。发式比别人高，头发梳得很复杂，就说明地位很高。比如在画中贾元春的发髻是最高的，金钗洋洋大气，是皇妃的装束。像王熙凤的钗戴在两边则代表地位。成法告诉笔者，不能把其他朝代的服饰或者发饰张冠李戴到画中，一定要画出清初的服饰、发饰的感觉。因此做了大量的前期工作。比如画中的服装都是晶莹剔透的，这主要是要表现那个时代贵族生活的雍容华贵。经过认真考证和艺术上细致加工，在成法的作品中，所画人物的服饰和发饰都让人百看不厌。

成法在选择模特儿上是费了些周折。毕竟距离曹雪芹生活的年代已经有将近三百年。要找具有古典贵族气质的女孩子很不容易。而且还容易节外生枝。化妆师张培英老师带着他们去选模特。有些模特的家长不理解，不放心，就亲自跟着孩子来看，是否真的是搞艺术的？是否真的在

雅芳图（局部一）

雅芳图（局部二）

雅芳图（局部三）

雅芳图（局部四）

雅芳图（局部五）

画《红楼梦》。看后，才放心把孩子交给他们。云南各艺术院校的女生他们基本上都挑过，有些女孩子一眼看上去挺漂亮的，但因为没那个气质，只好放弃。就这样，反复筛选了两三个月，最后又从100多名模特中，精挑细选出12人，就是画中看到的这“金陵十二钗”。《雅芳图》是经过反复尝试与修改，几易其稿，才成为现在的样子。无巧不成书，湖南有个地方有一座山，山形特别像女性的性器官，很象构思中太虚幻境的入门，成法去认真考察过，于是出现在画中的山美妙含蓄，让人浮想联翩。而且成法把生命图腾的光线处理得很暗，但又有层次感。使画中自然形成一组组巧妙的对应：阴间和阳间，今生和来世。

成法在创作的时候也有顾虑，担心会被误解：“纯粹用图腾来故弄玄虚。”于是他将光线处理得很暗，让人去想象：这是一个太虚幻境，这是仙境和人间的一个交界点。

在构图上面，成法分了三层画境：第一层是人，第二层是芳草树木，第三层是画面的延伸。中心围绕芳草，用芳草来形容年轻女子，并着力表现她们的至真至美。在画中有郁郁葱葱的树木，右面画的竹子则体现了妙玉的清高。让画面形成连动式的，首尾照应。从左到右：王熙凤，是《红楼梦》里边的内当家，地位在金陵十二钗里比较高，泼辣，风骚，漂亮；接着是薛宝钗，她在《红楼梦》里位置非常重要的，她在弹琴，表现其善于运作，比较世故。贾元春虽然在《红楼梦》中着墨不多，但是如果仔细阅读，就会发觉她是非常重要的人物。从她的穿着打扮：一件黄裙，就可以看出她是皇妃，在画中地位很不一般。虽然她身居皇宫，但总是眺望宫外凡间，站起来侧身望，元春是四大家族的支柱，贾府的安危荣辱均系于一身。巧姐，王熙凤的女儿，应该说还是很娇贵的。从服饰上看的出来，简单一点。贾迎春和贾探春，这两个年龄比较接近，在观看别人下棋。林黛玉，无疑是《红楼梦》的女主角。也是画中的中心人物。史湘云，是史老太君的侄孙女，娇憨可爱，成法在画中也力图表现她这种性格。秦可卿是《红楼梦》中非常神秘的一个人物，成法力图在表现人物的神秘性上作文章。她积怨成疾，20多岁就离开了人世。李纨，是贾宝玉的嫂子，年纪轻轻就守寡，每日陪小姑们习字诵读。贾惜春受妙玉的影响，和妙玉有同病相怜，距离妙玉很近。妙玉，已经看破红尘，和其他人保持一点儿距离，也不施粉黛，画面中的人物像春天里的花朵，故取名《雅芳图》。

（红楼梦曲：飞鸟各投林）

为官的家业凋零，富贵的金银散尽。
有恩的死里逃生，无情的分明报应。
欠命的命已还，欠泪的泪已尽：
冤冤相报岂非轻，分离聚合皆前定。
欲知命短问前生，老来富贵也真侥幸。
看破的遁入空门，痴迷的枉送了性命。
好一似食尽鸟投林，落了片白茫茫大地真干净！

注释：

这支曲子是《红楼梦十二曲》的总结，也是大观园里众多女子悲剧命运的概括。

（以下是《雅芳图》的局部，“金陵十二钗”每首诗都配原图局部）

“金陵十二钗”是《红楼梦》里太虚幻境“薄命司”里记录的南京十二个最优秀的女子。宝玉问道：“何为金陵十二钗正册？”警幻仙姑答道：“即贵省中十二冠首女子之册。”

一、林 黛 玉

两弯似蹙非蹙笼烟眉，
一双似喜非喜含情目。
态生两靥之愁，
娇袭一身之病。
泪光点点，娇喘微微。
闲静似娇花照水，
行动如弱柳扶风。
心较比干多一窍，
病如西子胜三分。

林黛玉生长在官宦人家，是贾母的外孙女。自幼父母双亡。贾母怜其孤独，接来荣国府抚养。“天上掉下个林妹妹”。连贾宝玉这种阅尽人间春色的大家公子，第一次见到黛玉的时候都不相信自己的眼睛：“天下竟有此等标致人物。”但黛玉终究是个悲剧，而且是《红楼梦》这部大悲剧的最高潮。“侬今葬花人笑痴，它年葬侬知是谁？”黛玉生性孤高，无法与那个时代相容，自然那个黑暗的时代也无法容她。就在她和宝玉的爱情被扼杀之后，黛玉泪尽而逝，只能“一把净土掩风流了”。

二、薛 宝 钗

都道是金玉良缘，
俺只念木石前盟。
空对着，山中高士晶莹雪；
终不忘，世外仙姝寂寞林。
叹人间，美中不足今方信：
纵然是齐眉举案，到底意难平。
任是无情也动人。

薛宝钗是薛姨妈的女儿，是封建时代标准的大家闺秀。不但人长得倾国倾城，而且知书达理。深得贾府上下欢心。但她总劝宝玉走“仕途经济”之路，被宝玉背地里斥之为“混帐话”。由于她和宝玉没有共同志趣，所以他们的婚姻最终还是以悲剧收场。

三、元 春

喜荣华正好，恨无常又到。
眼睁睁，把万事全抛。
荡悠悠，芳魂销耗。
望家乡，路远山高。
故向爹娘梦里相寻告：

儿命已入黄泉，天伦啊，
须要退步抽身早！

贾元春是贾政与王夫人之长女，是宝玉的姐姐。她同宝玉，虽为姐弟，犹如母子。后被选入宫中，不久，封凤藻宫尚书，加封贤德妃。作为四大家族中身份地位最高之人，元春无疑是四大家族真正支柱。她虽贵为皇妃，又得皇帝宠爱，但她还是非常冷静和清醒的。她见贾府为她盖的省亲别墅富丽堂皇，自己都觉得太奢华过度了。虽然，元春在宫中忍辱负重，但最后还是暴病而亡。

四、迎　春

中山狼，无情兽。
全不念当日根由。
一味的，骄奢淫荡贪欢媾。
觑着那，侯门艳质同蒲柳；
作践的，公府千金似下流。
叹芳魂艳魄，一载荡悠悠。

迎春是贾赦与妾所生的，排行为贾府二小姐。她虽然长得非常标致，但由于非嫡出，有自卑心理，事事都以退避忍让为先。而且其生性也老实懦弱，有“二木头”的诨名。她的结局更是悲剧，其父贾赦拿她抵债，嫁给孙家。但出嫁后不久，她就被孙绍祖虐待而死。

五、探　春

一帆风雨路三千，
把骨肉家园，齐来抛闪。
恐哭损残年。
告爹娘，休把儿悬念：
自古穷通皆有定，
离合岂无缘？
从今分两地，各自保平安。
奴去也，莫牵连。

探春是贾政与妾赵姨娘所生，排行为贾府三小姐。与其母和其弟委琐不同，探春聪明强干，遇事敢于当机立断。是一女中豪杰，脂粉英雄。连泼辣无比的王熙凤都让她几分。同为侍妾所生，探春与忍气吞声的迎春完全不同，她对自己的生母赵姨娘充满蔑视，并在奴仆们面前摆出主子气派，并且想方设法地改革贾府的种种弊端，无奈贾府还是忽喇喇似大厦倾，昏惨惨似灯将尽。最后探春远嫁他乡。

六、惜　春

将那三春看破，桃红柳绿待如何？
把这韶华打灭，觅那清淡天和。
说什么天上夭桃盛，云中杏蕊多？
到头来，谁见把秋捱过？
则看那，白杨村里人呜咽，
青枫林下鬼吟哦。
更兼着，连天衰草遮坟墓，
这的是，昨贫今富人劳碌，
春荣秋谢花折磨。似这般，
生关死劫谁能躲？闻说道，
西方宝树唤婆娑，上结着长生果。

惜春，贾珍的妹妹。由于母亲早亡，父亲贾敬只好求仙炼丹，对她不管不问，她似乎从小就看破红尘，几乎对所有人的情感伤悲都无动于衷，是标准的冷美人。她的人生结局也是出家为尼。

七、王　熙　凤

机关算尽太聪明，
反算了卿卿性命！
生前心已碎，死后性空灵。
家富人宁；终有个，
家亡人散各奔腾。
枉费了意悬悬半世心，
好一似，荡悠悠三更梦。
忽喇喇似大厦倾，昏惨惨似灯将尽。
呀！一场欢喜忽悲辛。叹人世，终难定！

王熙凤无疑是贾府中争议最大的一个人物。她长着一双丹凤三角眼，两弯柳叶吊梢眉，身量苗条，何等风骚。可以说是“美人中的美人”。她八面玲珑，左右逢源。深得贾母和王夫人的信任，成为贾府的实际大管家。但她又残忍阴毒，“毒设相思局”，害死贾瑞。更是为了三千两银子的贿赂。“弄权铁槛寺”，逼得张家的女儿和某守备之子一对有情人自尽。她还靠着迟发公费月例放债，光这一项就翻出上千银子的利钱来。但最终还是机关算尽太聪明，反算了卿卿性命。

八、史　湘　云

襁褓中，父母叹双亡。
纵居那绮罗丛，谁知娇养？
幸生来，英豪阔大宽宏量，
从未将儿女私情，略萦心上。
好一似，霁月光风耀玉堂。
厮配得才貌仙郎，博得个地久天长。
准折得幼年时坎坷形状。
终久是云散高唐，水涸湘江：
这是尘寰中消长数应当，何必枉悲伤？

史湘云是贾母的侄孙女。是《红楼梦》书中第一娇憨可爱之人。她虽为豪门千金，但从小父母双亡，由叔父史鼎抚养。虽然寄人篱下，并且受了婶娘不少恶气。但她生性活泼，甚至敢于喝醉酒后在大观园的青石上睡大觉。她襟怀坦荡、豪爽大气，令无数男儿都只能望其项背。虽然，《红楼梦》书中写史湘云在丈夫去世后，就立志守寡终身。但就专家考证，《脂胭斋评石头记》中的脂胭斋原型就是史湘云，她后来嫁与曹雪芹，帮助曹雪芹完成了《红楼梦》这千古第一奇书。

九、秦　可　卿

画梁春尽落香尘。
擅风情，秉月貌，
便是败家的根本。
箕裘颓堕皆从敬，
家事消亡首罪宁。宿孽总因情！

秦可卿是贾蓉之妻。她是营缮司郎中秦邦业从养生堂抱养的女儿，小名可儿。她虽然只在前几回出场，但却是《红楼梦》中疑点最多的人物。一方面她心气和平，对贾府亲朋都非常体贴周到。另一方面她似乎又生性风流，与公公贾珍关系暧昧。但不少专家学者又不同意秦可卿生性风流说，认为其与贾珍关系，完全是出于被迫，这也是导致其年轻早夭的根本原因。

十、妙　玉

气质美如兰，才华馥比仙。
天生成孤僻人皆罕。
你道是啖肉食腥膻，视绮罗俗厌；
却不知好高人愈妒，过洁世同嫌。
可叹这，青灯古殿人将老，孤负了，
红粉朱楼春色阑！

到头来，依旧是风尘肮脏违心愿；
好一似，无瑕白玉遭泥陷；
又何须，王孙公子叹无缘。

妙玉人如其名，是才貌双绝的奇女子。她出生于官宦人家，但却得了一种怪病，只有带发修行，身体才好，否则就会一病不起。她熟读经典，又极谙琴棋书画和茶道。她天生洁癖，刘姥姥喝过的茶杯，她嫌脏，不要了。而给宝玉喝的茶杯却是自己日常用的绿玉斗。在人们的心目中，她分明是“只可远观，不可亵玩焉”的人间仙子。但最终她的命运也是悲惨的，贾府败落后，她被强盗用迷魂香闷倒奸污，劫持而去。

十一、巧　姐

留余庆，留余庆，忽遇恩人；
幸娘亲，幸娘亲，积得阴功
劝人生，济困扶穷。
休似俺那爱银钱、
忘骨肉的狠舅兄！
正是乘除加减，上有苍穹

巧姐是贾琏与王熙凤的女儿。因生在七月初七，刘姥姥给她取名为“巧姐”。在贾府败落后，还是刘姥姥将其乔装打扮带出大观园，从而逃脱了被卖与藩王作使女的厄运。

十二、李　纨

镜里恩情，更那堪梦里功名！
那美韶华去之何迅！再休提绣帐鸳衾。
只这戴珠冠，披凤袄，也抵不了无常性命。
虽说是，人生莫受老来贫，也须要阴骘积儿孙。
气昂昂，头戴簪缨，光灿灿，胸悬金印，
威赫赫，爵禄高登，——昏惨惨，黄泉路近！
问古来将相可还存？也只是虚名儿后人钦敬。

李纨，无疑是恪守封建礼法的贤女节妇的典型。她是贾珠之妻，生有儿子贾兰。李纨的父亲李守中是当朝名臣。虽然出身豪门，但李纨所受的都是“女子无才便是德”的教育。在其夫早亡之后，她更是心如死灰，对爱情从不渴望，只是抚养儿子，陪小姑们做女红，偶尔诵读而已。

长相思 （油画）

晚风 （油画）

黛玉含情（油画）

春杏—钟馗之妹 （油画）

一缕阳光
（油画）

凤凰现世图
（油画）

红霞
（油画）

小天使 （油画）

一声叹息 （油画）

二、独创三项书法吉（同“基”）尼斯纪录的中国人

文翰之美高于一世，淮海之士傲气不除。

——钱十如

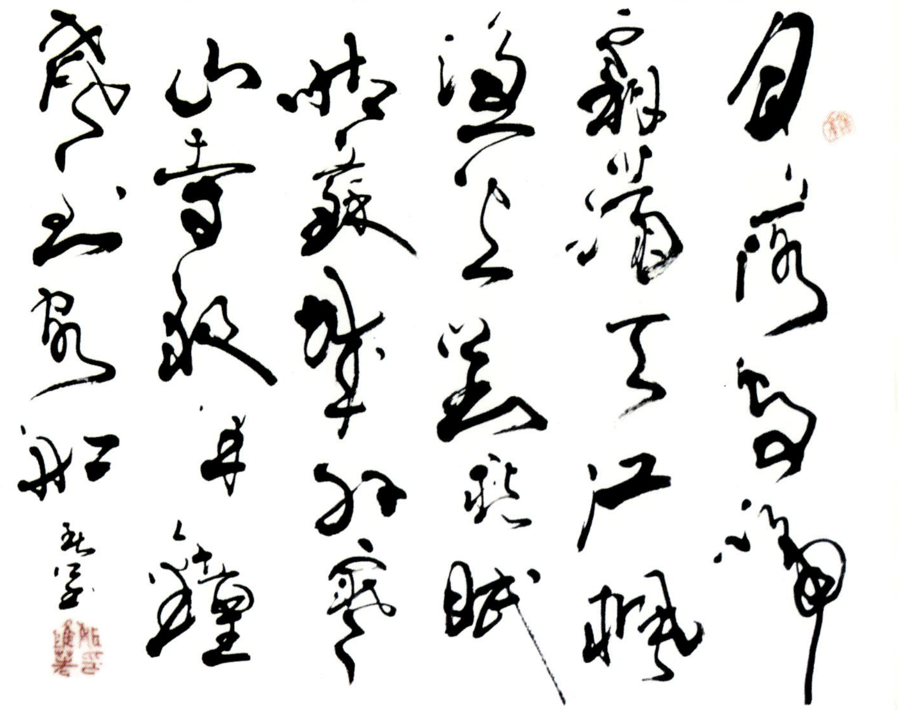

口书

如果说成法用油画技法画“金陵十二钗”——辛苦异常的话，那他用1286种书法风格，全文抄写《红楼梦》更是——呕心沥血。

成法抄写《红楼梦》全书长卷宽0.45米，全长近6公里。从1986年至1992年，6年间共计用毛笔340多支、耗500克墨汁250多瓶、宣纸640公斤，夜以继日，最终完成了这件作品。

通观这幅作品，使我们领略到了千姿百态的墨海大观，书法艺术的万象之美。成法在创作这幅作品的时候，完全根据书中的不同故事情节和不同人物性格，用笔时而婉转含蓄，纤巧秀丽；时而悲悲切切，凄凄惨惨，时而洋洋洒洒，妙趣天成；时而英勃险迫，峰回路转，让人在长卷前沉思良久，回味无穷。

在1993年8月举行的中国昆明国际进出口商品交易会上组委会专门为成法设立两个书法展厅，一个展厅展出的是《红楼梦》书法长卷；一个展厅是成法书法技艺现场表演。当法国华裔实业家岑国珍女士和香港著名拍卖师胡文启先生分别请成法当场书写时，都异口同声的称赞他是：“书艺怪杰！”中央电视台《新闻联播》及香港卫视中文台曾对此做了相关报道。

台湾著名学者柏杨认为，华夏文化之所以源远流长5000年从未中断，而中国疆土如此辽阔，但又没有分崩离析，都是因为汉字起了决定性作用。而红学大家周汝昌说得更是直截了当，汉字就是人类最高智慧的结晶。而成法痴迷汉字书法，不计时间、不计成本、研习浩如烟海的书法碑帖，一遍又一遍，反反复复，说不清是多少春秋，才将古今书法大家的字体烂熟于心，才真正做到笔到即能出手。

一个人写一手好毛笔字，肯定令人钦佩。但如果他是用口、鼻、脚、腮等身体36个部位依旧把字写得龙飞凤舞，漂亮异常，那我们应该做何感想呢？

上海大世界基尼斯總部

大世界基尼斯之最

书法家姬进春先生用 1886 种书法抄写《红楼梦》全书(长卷) 宽0.45米，长5650米

NO 00103

王以卓　　楊啓祥

楊啓祥

上海大世界基尼斯總部鄭重聲明：如年內無新紀錄產生，此證書為1994年大世界基尼斯之最

三项大世界基尼斯之最证书之一

上海大世界基尼斯總部

大世界基尼斯之最

书法家姬进春先生书写2286种（汉字）书法

NO 00102

三项大世界基尼斯之最证书之二

上海大世界基尼斯總部

大世界基尼斯之最

书法家姬进春先生用身体36个部位
进行书法创作，即“书艺三十六技”

NO 00101

王以卓　　　　楊啓祥

上海大世界基尼斯總部鄭重聲明：如年內無新紀錄產生，此證書為1994年大世界基尼斯之最

三项大世界基尼斯之最证书之三

或许你肯定认为不可能。但成法就是一位把不可能变成可能的书法家。

他经过十数年勤学苦练，终于可以用右手、左手、右指、左指、右前爪、左前爪、右掌、左掌、右肘、左肘、右内肘、左内肘、右肩胛、左肩胛、口、鼻、脚等身体的36个部位灵活自如、随心所欲地进行书写，被称为书法“三十六技”。并且还创了吉尼斯纪录。

成法的好友、作家刘德安曾在媒体上发表文章，生动地描述成法的书艺“三十六技”：“左外肘”之技，朴拙憨秀，犹如返璞归真；“袖手旁观”之技，翻腾跌宕，势如力搏千钧；“口书”之技，飘逸委婉，恰如行云流水。双手合十书之技，体势藏形不藏质，造乎自然，妙道之处现神采；左手书之技，“六经注我”，韵高情深，质坚气浩，真真旁出个“书是君子之艺也”；袖手旁观书之技，书为“大乘境界”，可谓心法得悟，意险而沉稳，奇而不怪，意生法中；右肩胛书之技，书作“烟草青无际，溪山画石如”，峭劲遒丽，逸然自得，作墨燥润相杂，以润取妍，燥中见险……

成法的作品在国际国内书法大赛中获奖50余次。并有180多幅作品被日本、泰国、新加坡、等国家和中国香港、台湾地区的藏家收藏。

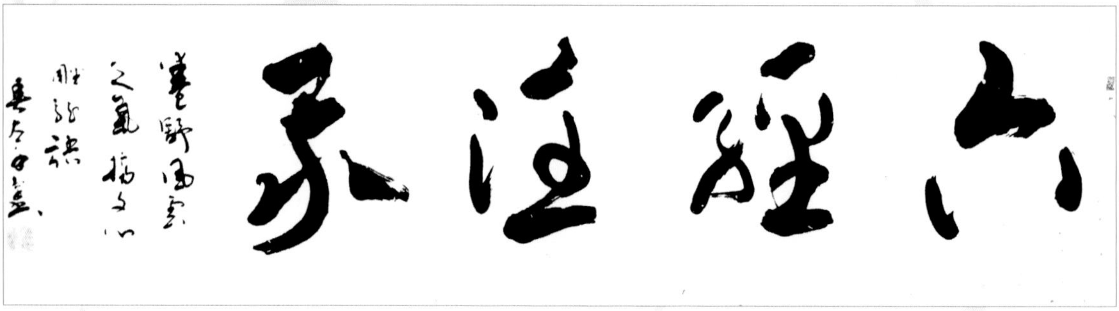

左手书1981年　六经注我

右肩胛书1986年　清品兰极

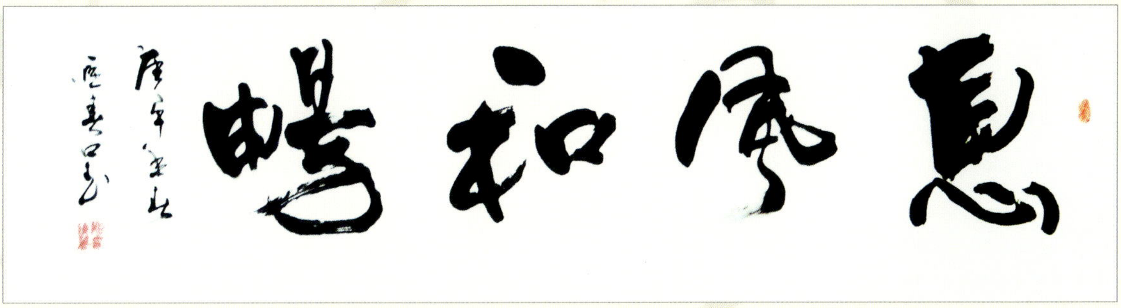

口书 1993 年　惠风和畅

右手拇指食指挟笔书 1986 年　人杰地灵

双手合十书 1995 年　大乘境界

双手合十书 1981 年　德动天鉴

双手探视书 1994 年

左右手反剪书 1982 年　竹送清溪月，松摇古谷风

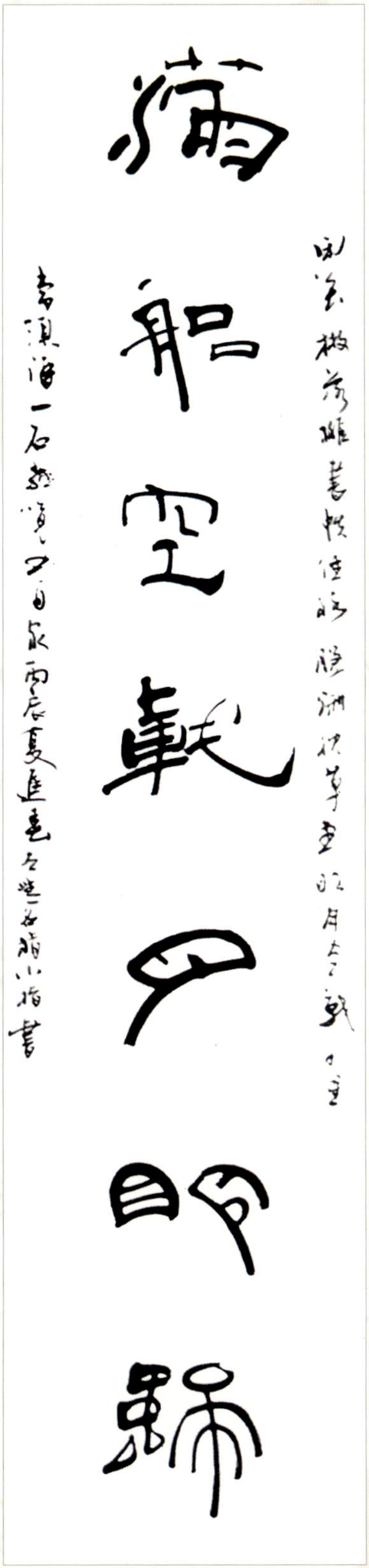

左无名指小指挟笔书1990年
满船空载月明归

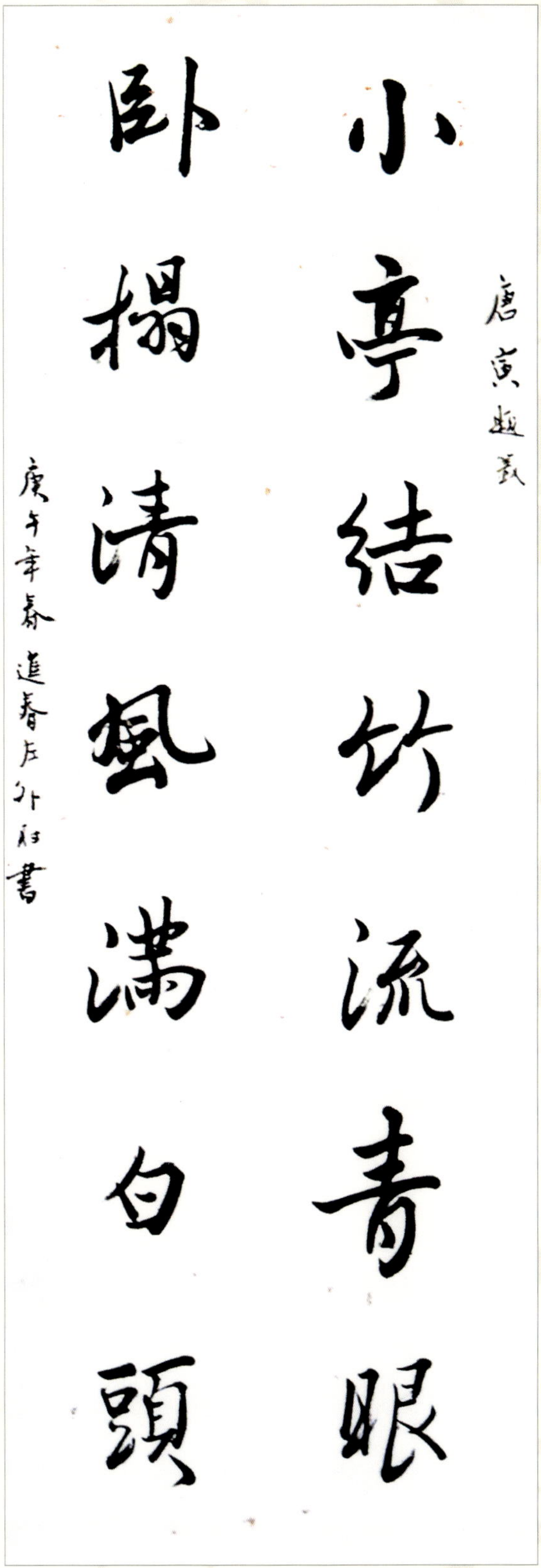

左外肘书1994年

双手内掌挟笔书 1994 年　业精于勤荒于嬉，行成于思毁于堕

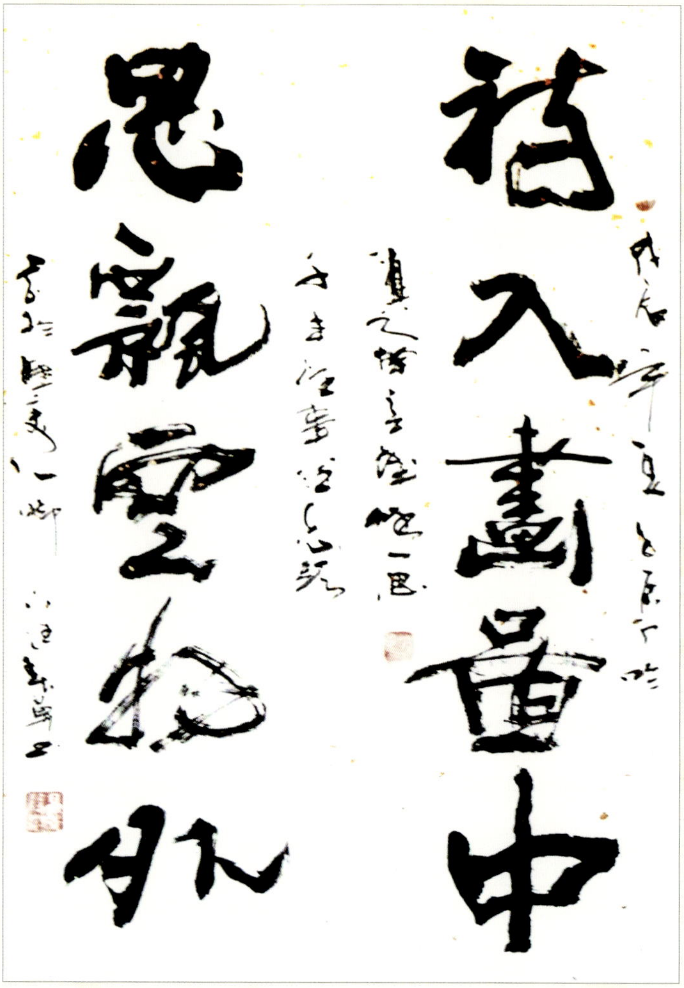

左中指书 1992 年　诗入画图中，思飘云物外

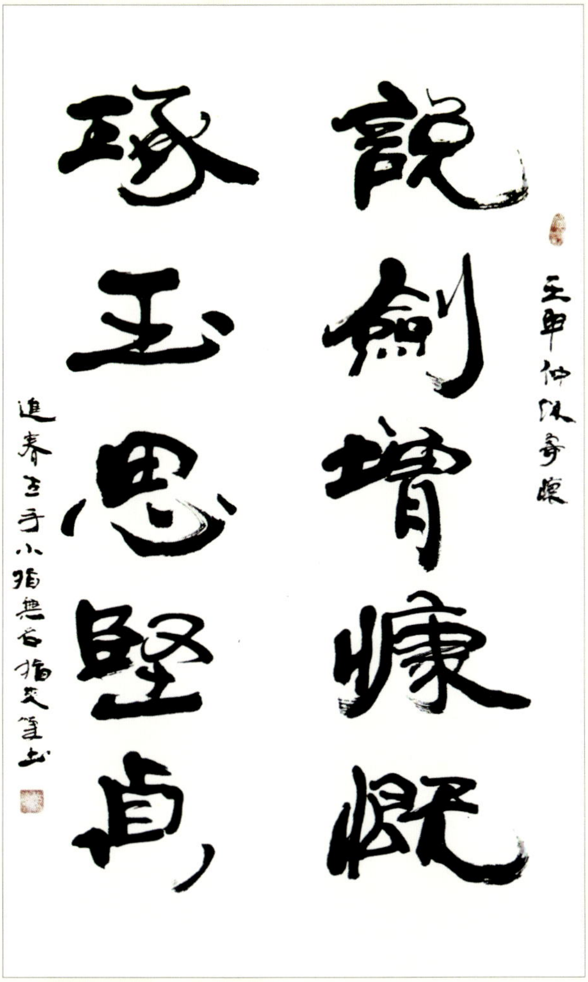

左手无名指小指挟笔书1994年　说剑增慷慨琢玉思坚贞

左脚手 1991 年　虎啸撼山岳，龙吟动地天

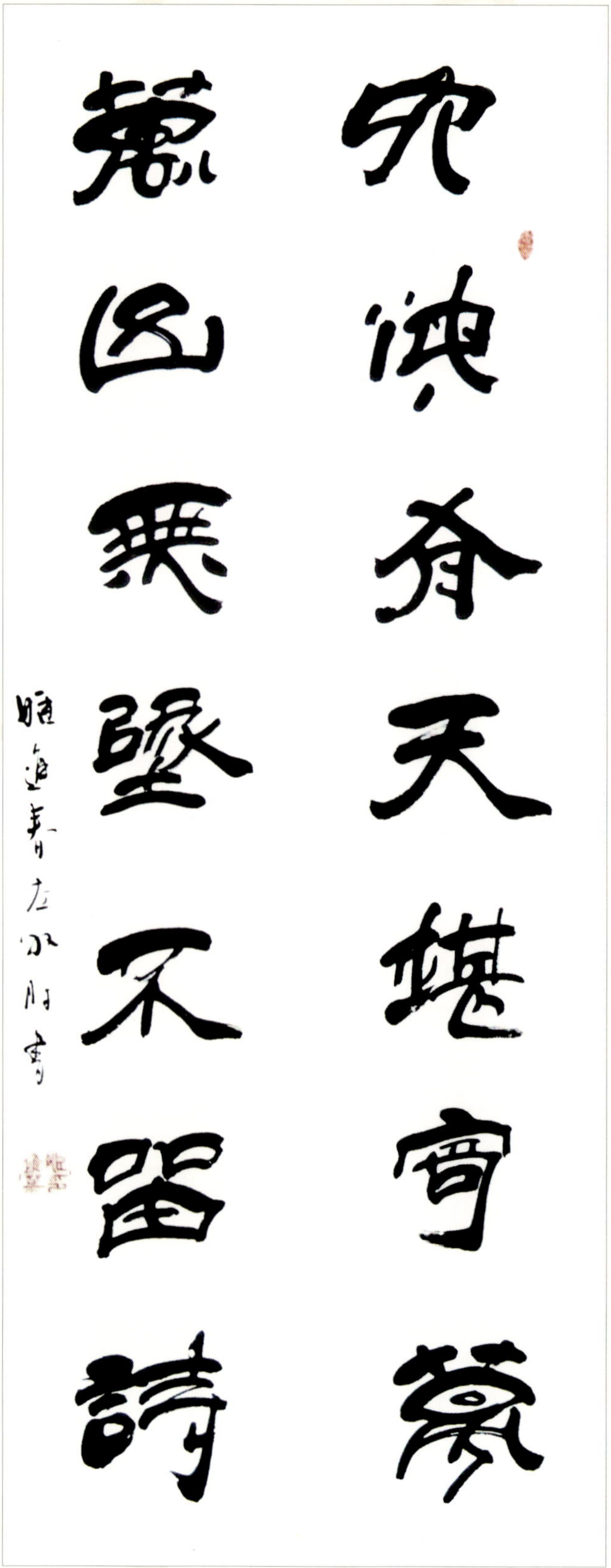

书法作品 2

三、他从山里走来

宣父犹能畏后生，丈夫未可轻年少。

——李白

2006年和母亲合影

初中时与全班同学合影

1991年在部队某部任职与干部战士合影

文艺评论家董保延这样评价成法："和他接触直接的感觉就是，他没有经过任何科班的训练，从山沟里出来，在部队里成长。当然，之前他自己肯定有他自下而上的环境。他的家位于滇池边，郑和的故乡。云南有两个最值得骄傲的人物，一个是郑和，600多年前他就下西洋，飘洋过海，他可以称得上是中国改革开放的鼻祖。第二个是聂耳，他在23岁以前就能写出那么多好听又会给人力量的歌，他绝对是个天才。因为生活在郑和的故乡，按照《易经》中的说法，成法无疑受到了一种文化的熏陶，具备了一种底蕴，哪怕他喝的水，呼吸的空气，吃的粮食，绝对是带有那种灵气的。"

虽然三十多年前。不少国人还不知道郑和是何许人也。但郑和家乡的人们却对他景仰备至，引以为豪。家里的大人啊，学校的老师啊，经常给成法讲郑和七下西洋的故事。小成法就常独自立足万顷碧波的滇池边眺望、凝眸，那时而拍岸惊涛，时而细波微浪，惹得他奇思顿发，遐想联翩。自己长大以后能不能像郑和一样有出息？能不能像郑和一样走得很远、很远？而在昆阳，寺庙里，古建筑物中，古人留下追思郑和的字画和楹联数不胜数，小成法看着这些先人墨宝总是啧啧称奇，并暗中模仿。正是有这种家人和老师的指点，大环境的熏陶小成法的书法才日渐精进。

成法除了学字以外，同所有小朋友一样，小时候也特别调皮。但属于蔫坏那种。动不动就把人家煮饭的烟囱堵起来。或者站到人家房上乱蹦乱跳，房瓦批了啪啦往下掉，害得人家以为地震了呢。但他不打架，从来不和小朋友正面交锋。

成法出生于云南晋宁县与大航海家郑和故里邻近的一个小山村里。家境贫寒，在一个叫"金龟山"的小山头上的寺庙里读完了小学五年级。当时校舍十分简陋，使用的是文革"破四旧"留下的旧门板和用土坯拼搭起来的桌椅板凳。读二年级时，他的语文老师陈秀武对学生的要求很严，每个学生每天要写10页大楷，6页小楷。那时，纸张少得可怜，老师就把学生带到土坪上，以细棍子作毛笔用，每天都要在哪里"习字"两个小时，文革时期，语文、数学能混得过去就行，不知道为什么？陈老师对成法特别关照，一个星期有三四天中午或下午放学，总要把他留在教室里，总是找些岔说他的大楷小楷字“像狗爬，像苍蝇”叫他反反复复不断练习。老师罚他站着写，右手不好使，便仗十板子（当然是轻打），让左手写，左手再偷懒，如上杖罚，想起当年初学写字的景况，真有些惨！春去秋来，总算熬到五年级毕业了，离校时陈老师拉住他的手语重心长地说：“孩子，这几年你恨我，以后你会明白的，苦寒才能练真本事！”

成法初一、二年级是在昆阳公社（当时叫法）中学读的。一天下午，语文老师陶金富在学校宣传栏旁作宣传画，他觉得非常有趣，就在旁边很专注地看着老师画，四个下午过去了，陶老师画好收工，转身发现了他，很和蔼地问：“哪个班的，喜欢画画吗？”“十四班的，喜欢！”“好，明天我借你几本学画画的书，先去揣摩吧。”多少年过去了，成法再想这个问题，这是不是缘份？一念之差，就投进了画画的圈圈里。

自从老师那里得到几本画素描、水彩、国画的书，可谓是如获至宝。家中祖辈留下来的一张老桌子，全家人一吃完饭，他就会很好地把它利用起来，两只脚斜靠墙，两只脚着地，形成一个斜面，即可作画架又可当画板。“有一件很有趣的事儿，我平生作过一次‘贼’，那个年代，在我们地方要想买画板。那是不可能的事，两个少年时的好伙伴提示我，村里会议室的奖状背面是块木质背板，刚好可以作画板，我们哥儿仨就悄悄地把这背板拿走了，一块小小的背板现在倒算不上什么？当时，可不得了，若被发现，性质可严重啦，很多年后，我遇到了当时那位村长，他半开玩笑半当真地说：‘75年你们偷了村委会的奖状背板’。我也边笑边更正，那不是‘偷’，而是让他摆正位置，有所作为！顿时众人皆笑！”

右上图：老母亲
右中图：2006年在家乡“世界的郑和”壁雕前留影
右下图：和战友们在一起

在长城脚下

1976年元月周恩来总理逝世，他们班主任给他布置了个重要任务，三天之内把周总理的像画出来张贴在学校操场墙的中央，全校师生集会悼念！少年时真有那么股冲动劲儿，回到家，将两张桌子（一张是跟邻居家借的）拼靠在一起，三天三夜没合眼，周总理的画像画出来了，给班主任交了一份满意的答卷，周总理的大幅画像张贴在操场墙中央，全校师生庄严肃穆，面对安详敬爱的周总理画像，个个哭成泪人。这时天空响过一阵闷雷，哗啦啦大雨倾盆而下，天地号啕大哭。晚冬时节打闷雷，可谓前所未有！今日，想起来都为之动情。

1976年是个多事之秋。9月9日毛泽东主席逝世，这时成法已经考到晋宁一中（农业人口中只有百分之二、三的人才进得了县城中学）。班主任同样给他布置了两个任务，一是画一幅毛主席肖像，为悼念活动之用；二是画一幅大宣传画宣扬毛主席的丰功伟绩，"那些日子，我把它当成了头等大事，加班加点了五天，圆满完成了任务。张贴在校刊专栏上的那幅叫《唤起工农千百万》，很是显眼，毛主席挥起有力的臂膀，千百万受苦受难的工农热烈响应，拿着镰刀、锄头、长矛、梭标紧跟其后，为了建立一个新的社会，为了翻身解放而奋不顾身。那幅画如果还留存到今天，我想，一定会让人心动不已！可惜，保留到今天的只有《毛泽东主席》这幅肖像画了。这还得感谢我的远房亲戚。他一直把这幅画珍藏了几十年。"

1977年秋恢复高考，可以说是给千百万知识青年和我们这些在读的学生带来了机遇。生长在农村的孩子，父母们总是期盼着有一天让孩子跳出农门，离开农村，到城里当工人，而不要再像父辈那样世世代代苦守农村，脸朝黄土背朝天！"我也再想假如有这么一天来临，我也丢下扁担，成为在城里做事的人"

成法8岁开始务农，有空帮着父亲给生产队放黄牛。黄牛不比水牛，黄牛喜跑动，水牛不好动，吃草固定在一个很小的范围内，一天就几千平米的范围内吃草。黄牛可不同，满山遍野的跑着吃，一天要走遍多少座山。放黄牛的放牛娃真不容易，有时会被牛带进深山老林，经常迷路一时半会儿走不出来，村里大人常说那些地方有狼和野猪出没，"听了后我心里直哆嗦，害怕得不得了！”

成法还干过担秧、挖田。到离村10多公里外的地方干去担柴的农活，那时农村学校放两假(寒假、暑假)，寒暑假都比现在长，特别是暑假，一放就是三个月。五月还放农忙假，五月天，是那样炎热，早上热一点饭吃过，立马扛着档锄（挖田用的），一手搂着水罐往田里奔，烈日炎炎，一日下来，满手血泡，吃过晚饭，又挑着粪箕去担土方，村上广播室放着大喇叭，“农业学大寨”的吼声不绝于耳。现在农村已经实行包产到户，农忙秋收顶多十多天就完事，那时可不同，农忙至少一个半月，秋收两个多月，按劳分配，男女同工同酬，“记得，我是11岁多一点才在生产队拿全分（工分制，12分为全分)”。等于一个成人全劳动力。白天挖田，晚间挑土方，有段时日晚间还拔秧，农忙活真是没完没了！

“去远处担柴，我把它当作去玩耍，担着四五十公斤柴，走好长的山路，要翻越很多座山，太阳大时，汗流夹背，几乎能把眼睛淋湿了，但成法仍艰难行走在山脊上，咬紧牙关，迈向山顶。放下柴担，山风掠过，透心的凉意！”

“有多少次父亲担着柴在前面走，我担着柴跟在后面，有时上山到了半腰，我实在坚持不住了，但只要看到老父在前面开路，我却能紧咬牙关坚持到山顶，山顶在望，再坚持，一到山顶，扔下柴担，如释重负犹如战士打了胜仗一样。”

“几位记者朋友曾经问过我，你生长在贫困的山区，父母除了养育之恩外，还给过你什么？我毫不犹豫且自豪地回答：从他们身上，我得到人生最可宝贵的东西——吃苦耐劳。”

少年时代养成习惯对成法后来的帮助是大的。1997年恢复高考，他心里从此有了盼头。那时他在县新华书店门口排队等候买《自学丛书》，一等就是两天。买到书后，即刻从远房叔叔那儿借了一个闹钟，挑灯夜战，当时村里的照明用电电力不足，时有，时无，灯泡瓦数又小，若明若暗，眼睛受了不少苦！无电时，就把建房用的青瓦作灯盏，将松香(松树滤出油后枯干结成块状)放入其中点燃作照明用，“因为松香点燃后油烟烟尘大，把他的脸熏得黑乎乎的，第二天到教室里，老师同学还以为班上来了个黑人，个个捧腹大笑”。

2006年在航海家郑和雕像前留影

2006年在家乡“郑和纪念馆”郑和雕像前留影

经过一年多的刻苦用功，成法的成绩在学校上升至一、二名，心算安定了点儿，可离高考（全国统考）时日已近，心还是七上八下的，那时全国高考录取人数为25万名左右，“我们中学79级360余名学生里至多只有3至4名能考取”，竞争十分激烈，确实令人不寒而栗。

1979年高考，成法如愿以偿！“以为自己最大的心愿就能实现，可以当一名老师或当一名画家”。可却被军队院校提前录取，成为“文革”后的第一批青年学生进入军校。

据成法的同学李跃明回忆：成法儿时就非常朴实，家里距离学校稍微远一点。大概五六公里，家里穷，也没有自行车，早上为赶上课，只得跑步。平时言语不多。经常给学校出黑板报。黑板报从编到排版，书写绘画，包括内容都是他自己弄的。他的毛笔字，美术字和钢笔字写得好。当时正值批林批孔，写标语办墙报，老师写一边，成法就写另一边。我的书包好书皮后，字是他给我题的，语文、数学什么科目，然后就把我的名字写上去，而且每一本书写的字体都不一样。他那么小就什么字都会写，包括隶书，楷书，篆书等等。他也可算得上少年有成了，他怎么能从农村出来，我们不太清楚，整个一个“蹦”出来的，因为我是从县城长大的。但后来我们在军校上学，假期里到他的家乡接触他的父母，哥哥、弟弟。我才知道他写字之所以能写出名堂，可能是有一点原因的，因为他们家有很多的旧书，很小的时候他就开始看这些旧书。而且他的谈吐里，经常会蹦出之乎者也来！

据成法的高中女同学谭萍回忆：“成法在我们班字写得最好。我觉得比老师写得都好。同学们作业本封面上的名字和班级都让他写，老师也叫他出黑板报，有一些文章他就抄到板报上。他不喜欢说话，因为他把心都用在了写字画画上。后来他考上了陆军学院。对于我们同学来说，他是有求必应的，我们同学让他帮忙干什么，他都帮，脾气和性格都很好。小小年纪，他们村子里的对联都由他来写。而且他从不欺负女同学。和女同学说话时还脸红。当男同学欺负女同学时，他都要帮女同学说话。虽然他很老实，但是没有人敢欺负他，这也可能属于不怒自威吧。”

四、真功夫自磨练来

锲而舍之，朽木不折；锲而不舍，金石可镂。

——荀子

鸟语花香 （国画）

有过军旅生涯的人，一生中最难忘的岁月大都是在军营度过的。成法自然也不例外。每当回忆起自己的军营生活他都满含深情：由于自小生活在小山村，真不知道陆军学院到底是干什么的？教官告诉他们：现在你们是穿两掉包的军装，以后，就要穿四掉包的军装（穿四掉包的是指军官），吃穿住都不用花父母的血汗钱了，可以大大减轻父母的负担。在学校期间成法学的是指挥，但还抽时间捉摸他的字呀画呀。

现任云南省晋宁县政法委书记的李跃明，从初中到大学一直是成法的同学，也是他最好的朋友之一。他对成法的军校生活记忆犹新：“我们是1979年一起考上昆明陆军学院的，当时还有一些‘左’的思想在作祟。像我们这样的学生兵应该说为军队注入了新鲜血液。但是入校以后，有的老同志，对我们看不惯，还叫我们‘小臭老九’。不让我们看自然科学，学外语。但成法明修栈道，暗渡陈仓。明里端坐课堂听教官讲军事，暗里一有时间就‘忽悠’他的画。学军事就非常辛苦，要背一些课本上的战术原则，还有一些较枯燥的战略理论。

陆军学院要求也特别严格，只要有一个科目不及格就不能毕业。成法小时候没练过单双杠，在夜深人静时我陪着他练单双杠，他要是上不去，我就帮他，苦练了很长时间。终于过关了。不过，说实话，他的成绩单双杠成绩确实差，显得很笨，勉强过关。成法在军校的时候总是觉得时间不够用，熄灯号吹响后，他除了练单双杠以外，大部分时间都是在路灯下苦读，当时觉得他精力特别旺盛。”

据成法老领导现云南省测绘局局长杨俊东回忆：“成法给我的印象是他人比较实在，可能出生在小山村，到了军校以后，无论是工作还是学习、训练，他都非常实在，从不偷懒、耍滑。他特别能吃苦，全副武装10公里跑步，25里障碍越野，无论多苦多累，他都能顶得过去。他的画，书法都有功底。老虎勇猛、威风凛凛，很像我们战士，我就让他画一只老虎，他直接看着动物园的老虎画，不用打格子，不到两个小时的光景，就把老虎画得栩栩如生。我们中队的黑板报和墙报搞得不错，这里边一大半都是成法的功劳。我发现他在书法方面是个人才，虽然军校房子非常挤，但我还是专门给他安排一个房子，让他写写画画。他能取得成功，也早在我预料之中。在成法创造吉尼斯纪录时，中央电视台和云南电视台就做了报道。有人看到之后，就对我说：‘政委，这个人原来是你们队的！’我当时，有一种说不出来的自豪！”

成法大学毕业后，几经辗转，被分配在昆明远郊的山沟里工作，而这一干就是八年，其中滋味只有他自己最清楚。成法的同事告诉笔者，成法在深山里头苦练书法的时候，用掉的墨汁墨水都是用车拉的。山里有条小溪，成法经常到那里去洗墨笔、研台、瓶子，那小溪都给染黑了。

成法在部队做文化工作，经常参加地方各种书画赛。但感觉自己还是漫无目的。后来，成法看了一本《吉尼斯世界大全》，就觉得凡高和毕加索能够创造吉尼斯纪录，中国的书法也应该尝试一下。当时成法满怀冲动。

大美不言图　（国画）

静悟禅心 （国画）

品行述志图 （国画）

东坡醉酒 （国画）

樱桃树下 （国画）

“临百家之帖，博百家之长”。成法立下了这个心愿，就是力争把古今书家的帖都临摹一遍。

经过几年的苦练，他可以临摹很多种书法风格。在上海公正吉尼斯纪录时，总部工作人员让他默写出十个上海书家的书法，如沙孟海、费新我等。成法竟然信手拈来，一气呵成。

成法告诉笔者：“毕加索在一生中创作了8万余幅作品，数量创造了世界纪录。而成法之所以想要用书写《红楼梦》来创造纪录，是因为这是一部世界名著，在全世界享有盛誉。用中华民族特有的书法艺术把它抄写下来，意义非凡。刚开始抄写很辛苦，有种不堪重负的感觉。”

作为一种放松调节的工作来对待，成法开始尝试用身体的36个部位来书写，借此把身体的潜能都发挥一下。“刚开始用脚写字，我感觉腰酸背痛，特别吃力。大约一年后，感觉轻松多了。用身体的各个部位写字，有些人认为滑稽，但作为书写的表现形式应容许它的存在”。

据成法的朋友刘德安回忆：“成法的书法36技修成后，自己还是穷得几乎在昆明没有立锥之地。他是‘打一枪换个地方’，没有一个正规的画室。最后实在没有办法了。我把他弄到省检察院我的办公室，拿着笔墨纸砚连续干了很长时间，就在破破烂烂的办公桌上写，临时在墙上敲个钉子，挂纸在上面，他怎么写，我就怎么拍。终于留下了成法用身体36个部位进行书法创作的原始记录。”

成法如此沉浸在墨海之中，但经济上开销确实让人有点受不了。每个月买笔墨纸砚就要花费

论道图 （国画）

言事有高识 （国画）

上千元钱。这在八十年代末九十年代初的时候，绝对是天文数字。成法回忆说：“我女朋友是供销社的职工，我说要创造吉尼斯纪录，她很支持我，相信我能干出来，我和她的工资全都拿出来买笔墨纸砚。”

成法回忆：“我真不知道自己是怎么过来的？当时我困难到这种地步；和几个未婚的干部说能否把每个月的工资借一半给我，他们都借我了。另外，我还向亲朋好友们到处借债，目的就是用钱来买笔墨纸张。

就这样历经六年时间，克服了重重困难，《红楼梦》全书终于抄写完了，有6公里那么长，但存放是个问题，装裱更是个问题。

长卷编好顺序，摞起来顶到天花板。后来，好不容易在远郊的山里找到两间40多平方米的屋子，才勉强放下。有一天，马军律师到我书房参观，他翻着看了足足有半小时，对我说第一句话就是：‘你是棵弯腰树，我要扶直你。’他问我把长卷裱起来需要多少钱？我回答说：‘不太清楚，可能要很多钱。’他说：‘我来支持你把长卷装裱好。’马军律师与我是萍水相逢，给予我这么大的支持，我感激不尽！”

1993年8月8日在昆交会上，《红楼梦》长卷如期展出。

八年的深山勤学苦读，成法有苦有乐，有滋有味。而他从山上下来的时候，已经是三项书法吉尼斯纪录的创造者了。

知白守黑图　（国画）

知音图　（国画）

黑白对趣 （国画）

梦游心象 （国画）

鸽侣双福（国画）

秋露 （国画）

锦上添花　（国画）

五、他真得疯了？

——我愿是荒树，在河流的两岸，对着一阵阵狂风勇敢地作战。

——裴多菲

“医学上说，天才和疯子是孪生的！”这话用在成法身上似乎再合适不过。虽然在深山里苦练了八年书法技艺，遍临了古今书家的书帖。但当他说出要创书法吉尼斯纪录时，有些朋友认为他是痴人说梦，可是吉尼斯纪录还是被他创造了。

1993年8月10日中央电视台《新闻联播》对成法的书法技艺进行了报道：1994年2月，《人民日报》、《光明日报》、《中国青年报》等多家媒体也纷纷报道：成法创造了三项吉尼斯世界纪录。

但成法随后的选择还是让人大惑不解。本来他创造了三项书法吉尼斯纪录。完全可以从容地走他的书法之路。而成法却暂停了轻车熟路的书法创作。把全部精力都转向油画创作。这让成法的朋友和许多熟人有些纳闷，有了吉尼斯纪录这个名气足够了，好好发展书法，把日子过得好一点。但想不到他又搞起油画了？朋友们觉得不可理喻，放着到嘴的肥肉不吃，却又去啃硬骨头。

但成法后来所走过的路证明，他的“疯”是有目的的，他在走着一条前人从未走过的路。用西洋油画技巧来表现中国的文化传统。他首先选择了《红楼梦》，选择了“金陵十二钗”

左侧手意念书

口书

右肩胛骨书

右肘书

左肩腮挟笔书

左拇指食指书

左脚书

上图：右手食指书　　下左图：右食指中指挟多笔书　　下右图：左右手食指中指挟笔书

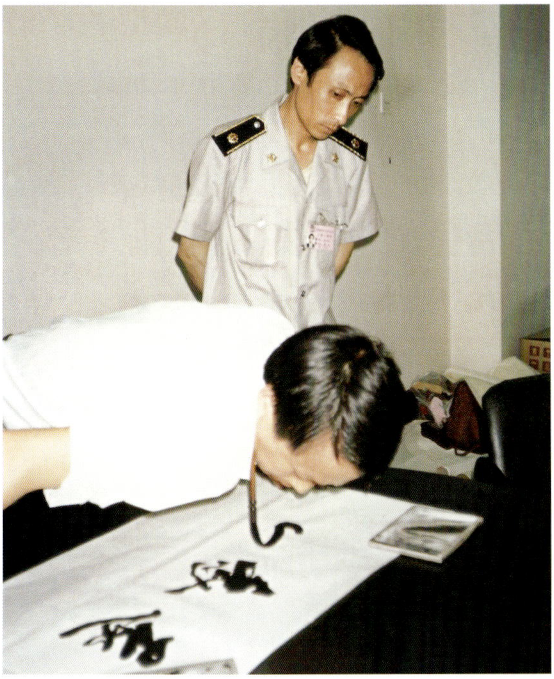

左上图：左内肘书

左下图：1993 年 8 月 10 日在中国昆明首届

进出口商品交易会书艺“三十六技”现场公证

右上图：双肘合并书

右下图：双手剪书

上右图：左拇指书　　上右图：左爪书　　下图：右指指书

左中指无名指挟笔书

右脚书

左肘侧斜书

双掌合十书

左肘书

六、令人费解的失踪之谜

平生不敢轻言语，一叫千门万户开。

——唐伯虎

滇池小景　1996

成法的朋友刘德安回忆：那时候我找不到他，到什么地方也找不到他，打电话也找不到他。觉得他行踪特别诡秘。

同学李跃明与成法关系最为密切，他也对笔者说：我们有两百个同学，谁都找不到他，就连我和他那么铁也找不到他，用传呼机，呼他无数次他根本不理。他一作画经常一个月不出门。到他工作室，谁敲门都不开。他在里边谁也不见，也不开门，想吃就吃一点。未婚妻去敲门，他也不开。不过她非常理解他，结婚以后，妻子怀孕他基本没有照顾过，孩子出生了，一个月以后他才知道自己当爸爸。孩子几乎都是岳父岳母照顾的，这人做父亲和丈夫的不应该这样的，太过分了。

刘德安还经常回忆成法十年前的情景："他在昆明南边金龙饭店旁有个破屋子，他在那里搞研究，地上摆了几幅画、一个钢丝床，累了就打个小盹，还有几个面包、饮料瓶等杯盘狼藉的，很困难。我觉得这不是自讨苦吃嘛？"

现在的成法依旧是个"画痴"。司机潘立武告诉笔者："看成法老师画画的时候，我看着都觉得累，他一天坐着小凳，一笔一笔的，可能一天要画好几万笔。蹲在那里盯着看，看了以后又跑到后面，仔细地修改，不停地修改。如果我不叫他吃饭，他就想不起来吃饭，一画就画一天，不停地画。"

2005年为友人的普洱茶叶公司题书对联

成法在其作品《小天使》前

2006年在柴堆前想起童年到很远的地方担柴趣事

爱女在舞蹈

画家的贤内助

七、画如人生

夜静云帆月影低，载我在潇湘画里。

——卢挚

2004年成法和原中央军委副主席张震夫妇留影

据成法回忆："创吉尼斯纪录以后，我就开始油画的探索。因为我的素描功底扎实。但单有功底不行，还要有自己的东西，技法。1993年底，我看了陈逸飞的《浔阳遗韵》之后，特别打动我，这幅画的神韵特别好，我琢磨这是怎么画出来的？然后回到家以后，把玻璃放在空房子里把画布绷在上面打磨，因为亚麻画布都比较粗糙，所以有几个工人用1400号的细砂纸来打磨画布，打完以后画布就显得细腻了。一切准备工作做好以后，我就开始着手画了，觉得画面线条粗糙，然后再打磨。这样反反复复多次实验，用梵高颜料再上了两道颜色，最后轻色釉染来结尾，发现效果真出来了。"

成法进行油画创作同书法创作有些相似的地方，都是先深入研究和临摹名家作品，在吸取别人之长的基础上寻找自己的创作语言再进行创作。

成法把研摹油画分为三个阶段，一是以达·芬奇为代表的古典主义。他临摹了达·芬奇的两幅画《蒙娜丽莎》和《母与子》，经过琢磨探索，刚开始时觉得效果不是很好，颜料干了以后，颜色特别闷，他发现使用的颜料不好，色彩没有透明感。为此画了又画，尝试了几次，但时间久了还是觉得不是很好，过了几天，他煎蛋时，把鸡蛋磕破放在碗里，忘记煎了，就摆在那里，过了一个星期后，蛋清和蛋黄就干了，然后清洗盛蛋的碗，结果怎么洗都洗不掉，这一点让他领会到蛋清干后会粘得很结实，他曾经阅读过的书籍也有的画油画用蛋清的记载。通过摸索和研究，发现达·芬奇的画，釉染成份比重很大，把鸡蛋黄和鸡蛋清调和在一起，用调剂好的蛋清在勾勒过的素描上反复釉染，再把蛋黄过滤出来现搅。再用蛋清和进口颜料搅和在一起，然后涂在画上，效果足以乱真。二是研摹达维特阶段。达维特是新古典主义的领袖，他的画主要是反映拿破仑时代那种辉煌和气势。在临摹达维特作品的时候，他开始尝试用纯粹的油画颜料来画，1995年，一个香港朋友从欧洲帮他带了一大批温莎·牛顿、阿姆斯特丹和凡·高油画颜料等名牌的颜料，画出来以后颜色的透明度和质感都非常的好，与本土颜料有很大的区别，因为本土颜料画完以后颜色闷，灰暗，没有透明感，出不来效果，成法临摹达维特的画，通过技法上的摸索，他感觉到，达维特的画是直接和间接的画法两者相结合。第三阶段是临画家鲁本斯和伦勃朗的作品，他们最大的特点是非常会用金黄色，那种晶莹剔透的感觉简直难以言表，成法反复斟酌，分别临摹了他们的作品，其中临摹鲁本斯的《幼儿基督和约翰及二天使》时，他隐约感觉到鲁本斯是在最后上光的时候似乎是上了三次光，都是用的低光光油，第三次上好后像有一层玻璃罩在上面，通过这三个阶段，古典主义和新古典主义应该说有着本质的联系：在上色方面，都脱离不开釉染，然后就是直接上颜色，光线给人的感觉就是像有一层玻璃罩在上面，第一道颜色是把全部的光找平，第二道颜色使之呈现好像有一层薄薄的玻璃，第三道颜色是使其剔透明亮，油画完成后，上光这种辅助手段，掌握好时间，阶段是非常必要的。

达·芬奇的画特别注重表现人的内心世界，有非常神圣的宗教情怀。包括达·芬奇，鲁本斯和达维特在内的作品尤其是人的眼神中感觉到宗教的神秘感。陈逸飞的画，用色上，吸收了伦勃朗和鲁本斯的技法，成法估计陈逸飞是在修复大师作品时，摸索出来的，是通过修复描摹大师的作品获得一些启迪和技法上的积累。在1996年以后，成法就进行阶段性创作了，开始尝试创作一些大幅作品了，技法上日益成熟和完善。

成法同云南省省委副书记
中国文联副主席丹增合影

成法与著名相声表演艺术家姜昆在一起

1999年在昆明召开世界博览会，江泽民总书记出席会议之后，到丽江视察，在听宣科先生演奏纳西古乐时。江泽民同志听到动情处，便把宣科的二胡接过来拉了起来。乐队里有鹤发童颜的老者，又有清秀文静的纳西女子，他们有的吹笛子，有的弹古筝。这样的场景打动了成法，于是便创作出了《知音图》，他回忆说：这幅画最主要的是表现江泽民同志和少数民族兄弟姐妹在一起同乐的情景。如果要用大笔触、大块状混沌的方法，颜色的处理上就不需要花费太多的气力。如果用细腻的笔触像新古典主义的画法则用色，打磨等手法上就要耗很多时间，费很多精力去做在人物的表现，领袖在画里的位置，场景的安排等，刚开始，打素描稿，具体到每个人物的素描稿，反反复复，几易其稿，画了足有一年多。

成法从揣摸"丹培拉"技法到欧洲文艺复兴时期油画巨匠的画法，收获是不小的。他说："丹培拉"真正意义上技法就是现在的蛋胶画。蛋胶是水溶性材料，干得很快，可以反复刻画，什么时候都可以修改画面，蛋胶完成作品后，再用透明性的油平涂画面，使之产生光亮的表面。丹培拉这种技法同文艺复兴时期油画相比，局限大，缺点多。油画比之更方便，更具有弹性。特别是欧洲文艺复兴运动的中心意大利佛罗伦萨，所掀起的人文主义革命，怀疑和批判直指中世纪的神学思想。打破宗教禁律，研究人体结构，探寻生命奥秘，强调形体造型，光学原理和透视法则，探究自然规律，这无疑对当代油画家启迪深远。

细数一下油画的发展史，经过了几百年无数画家的摸索、运用、追求、发展、演变，从众多的学派，数不清的作品里，大浪淘沙，造就了两种最基本的技法：一是古典传统的技法，这种技法讲求作画程序，使用大量的干油性和树脂，少用挥发性油，比如北欧的透明薄涂法和南欧的不透明厚涂法，画面的呈平整而光亮效果。二是法国的印象技法，即直接画法，吸油性强，用浅色底，作画没有严格程序，可随意自由，特别注重室外光线下自由涂摸。大量使用挥发性油。厚涂不断重复笔触来完成作品，画面粗糙没有光泽。近现代画家所采用的技法，几乎是源于这两个传统，所区别的是在不同社会的时代背景下艺术家的观念，造型手段的不同而已。

成法所寻究的前人艺术巨匠的技法效果，无非是对自己绘画的一个帮补。他戏称自己："先天不足，后天无助"，只有靠多苦、多练、多累来补救！

14个冬来暑往，从古典主义透明画法，新古典主义的半釉染半直接画法，到混合材料的直接厚涂画法；从文艺复兴油画艺术的温文尔雅，安静和谐，巴洛克艺术豪华享乐，激情浪漫，洛可可艺术清淡甜美，幽雅华丽，新古典主义的永恒、完美、浪漫主义的自由奔放，自然主义科学写实，印象派光的视觉辉煌，野兽派疏简意境，立体派的革命性破坏艺术，抽象派的具象精神无影无踪，到当代艺术的凭空想象，随意而为，成法都细细地做过品味，酸甜苦辣，百味人生。他之所以细究深品，就是要摸索出自己的路子来，那就是釉染与毛笔直接勾勒法。

《雅芳图》的绘画技法就是这样源生的。

文艺评论家董保延这样评价成法的作品："他的画之长处在于有灵气和穿透力。唯美主义色彩比较浓。成法对人物的美特别的灵敏，在用道具的描述上颇具匠心，做到人物与道具相得益彰，互为替补。他的《和氏璧》、《知音图》里边的乐器。语汇就有点像音乐里的重音符号。他的作品《雅芳图》，比较清秀，比较飘逸，感觉有一种动感，他在动感方面的追求是十分刻意的，这样，成法的作品就活起来了，具有极强烈的生命张力。"

"大隐隐于市"。成法为了在油画创作上有所建树，一"失踪"就将近10多年。10多年间几乎所有的日日夜夜他都是在画室中度过的。悄然不觉间早生华发，悄然不觉间春去冬来，悄然不觉间人生如画。

2002年11月6日在北京钓鱼台国宾馆
（左）为该宾馆张田平总经理　（中）为该宾馆管理局局长冯树森　（前中）为画家女儿

与文艺评论家董保延漫游艺海

成法的同学李跃明（右）和谭萍

2000年与模特儿合影，右是省法院干部孙泽生

八、艺术就是人与自然相乘

兰陵美酒郁金香，玉碗盛来琥珀光。但使主人能醉客，不知何处是他乡。

——李白

"风伴我行一万里。"在云南采访一个星期期间，同成法朝夕相处。沐浴着春城的骀荡春风，欣赏着成法的美妙图画，不能不说是人生的一大享受。在采访即将结束的时候，自然要涉及到核心话题，即成法最高艺术理念到底是什么？没想到平时言辞不多的成法谈到这个话题时却滔滔不绝："记得大思想家培根说过：人与自然相乘就是艺术，我觉得他这句话说得非常有道理。我自己也是这样认为的。我把名字改成成法也有这层含义在里边。自然包含了无穷无尽的美，而就艺术而言，就是把看到美的东西，比如花、草等自然景观和人内心体验，用手把它描摹出来。把自然的美再加工，这种再加工的过程不是东拼西凑，而是艺术再创造。

艺术再创造最根本的原则就是把本民族的审美情趣，用艺术的技法把它描绘出来，让美通过加工把它真实地体现出来。艺术的本质是通过技法技巧来进行描绘，描摹，让自然和人的内心中的东西结合起来，再现人心灵深处的感受，这是人与自然相乘基本的东西。在欧洲，艺术大师们就是这样再现本民族的精神生活和物质生活的。

很多人说达维特是御用画家，我觉得他不是，他画了拿破仑最强盛的时期，从他的画中能够看出拿破仑时期的那种辉煌和大气，他的作品大多是反映法国那段时期的历史，气势磅礴的画面真实地再现了拿破仑时代的全盛的场景。俄罗斯的那些画家，他们体现的也是民族精神，比如列宾的《伊凡雷帝杀子》中沙皇二世杀子的场面非常令人震撼、逼人，就连画家本人都不敢独自待在画室里。画家自己画出了一种恐惧感，我觉得这里边也包含人与自然相乘，那种自然场景通过画家的再创造，使场景更博大，震撼，摄人心魄。

另外，我觉得像国画，像宋代、元代、明代等很多的画家，他们画山水画，体现了当时画家的心情，体现了人与自然相乘。人看了以后，就会了解那是画家不得志，有种清冷、孤寒的场面。还有体现了"穷则独善其身，达则兼济天下"的那种心境。这是人的内心和自然的一种融合，就像炼钢炉里炼钢一样的，把矿物质放在里边，通过高温的熔炼，最后得出我们所需要的精华，百炼成钢。

人与自然相乘不是简单的一个公式，不是一般的加减乘除，它是通过画家不断的体验生活，摸索和掌握技法，这个技法不是一般的，纯粹的简单的，是要通过画家的不断地摸索、探索、创新。如果单单摸索、探索，那就是简单的描摹，初级阶段的描绘。只有创新，才能独上高楼。

我个人认为，只有把西洋画和中国画在情调上融为一体，能让他们合二为一。拓展出新的方法，还有最重要的是把西方的技法和本民族的审美情趣，我们民族的绘画精神能够融合在一起。

只有这样，人与自然相乘，再造化、再创造、再创新，才有真正的内涵。让观众和鉴赏者看了以后，能够感动和心情愉悦。

凡高曾经说过一句话：'艺术就是人与自然相加'。我觉得他说的这个相加并不是用简单的色彩在画布上任意的堆积，这不是个简单的概念，他是画家的心灵在画布上的再创作，画家内心中的东西通过画布和色彩来表述出来。

还有像陈逸飞的画，把过去很遥远的梦，那种风花雪月能够再现在画面上，他最根本的东西也是人与自然相乘，他把自然景观、意境点缀，描绘在画布上，让观众产生一种联想、一种怀恋。这也是一种人与自然相乘。

所以人与自然相乘，我很长时间在思考这样的问题，我的名字能否改一下。改得和我所从事的绘画能够有关联。想来想去，我就把名字由姬进春改为了成法。人听了也很顺耳。"

女明星像 （素描）

人物肖像 （素描）

女青年头像 （素描）

少女肖像 （素描）

少女肖像 （素描）

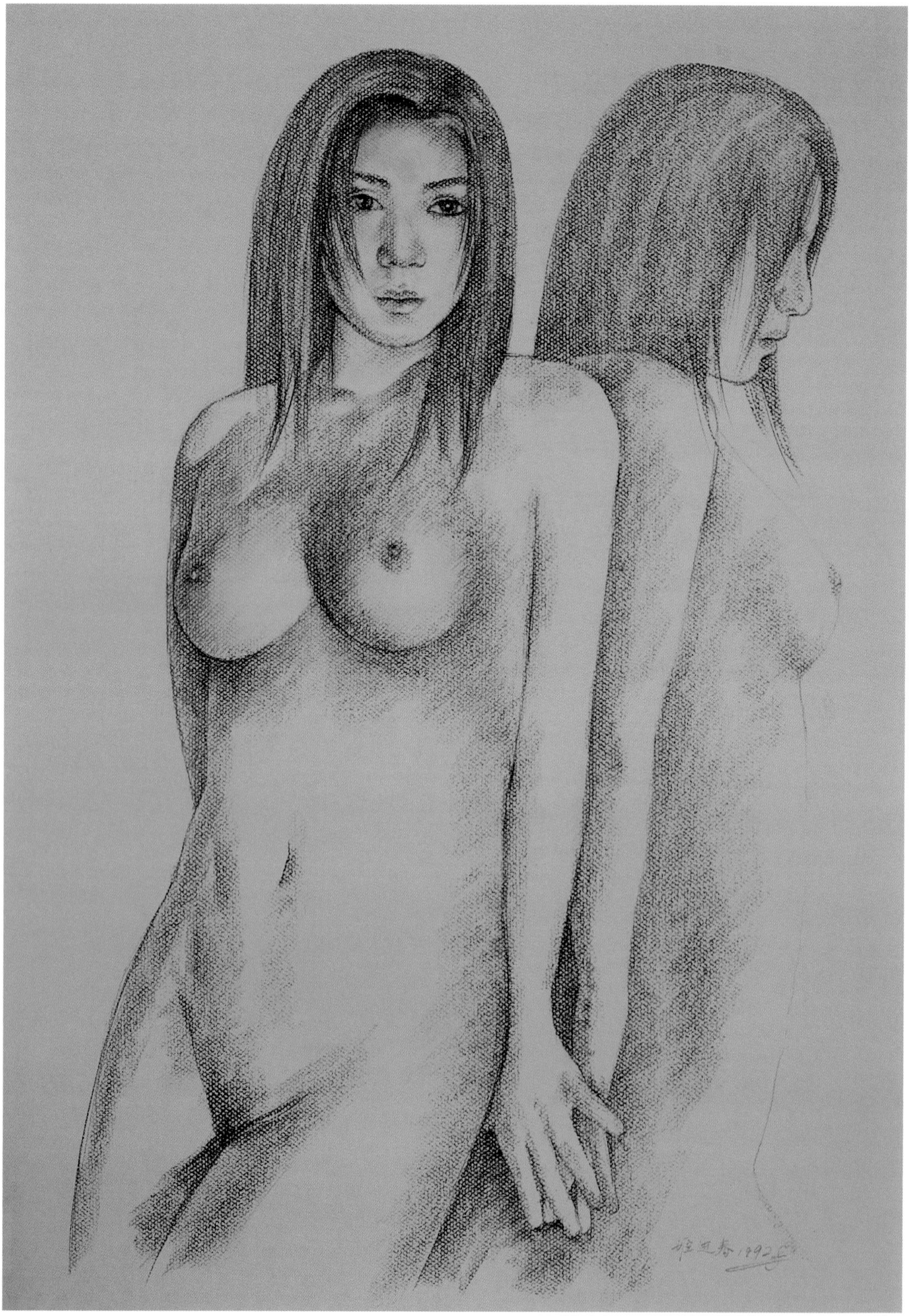

女人体　（素描）

女人体 （素描）

附：花样年华聚群芳

——《雅芳图》创作手记

成　法

当年读《红楼梦》时，就被十二金钗的命运所感动。十二金钗“千红一窟（哭），万艳同杯（悲）”，聚在一起，就成了另一番风景，犹如大观园里十二朵最美的花，清香素雅，百里流芳。

加之受萧伯纳的启示：“人类只有在纸上才能创造美丽、真理、知识、高尚和永远的爱。”假如真的把十二朵花的芬芳化为一体，群芳荟萃，春意盎然，鲜活的生命和春光永驻的花草树木，定会令观赏者耳目一新！

于是，就有了用油画表现《红楼梦》十二钗的念头。

2001年与《雅芳图》小模特合影

1996年，我有幸去缅甸。那里的“金三角”是举世闻名的毒品之乡，但见漫山遍野，罂粟花盛开，美丽至极！后来在构思《雅芳图》初稿时，第一个就想到了凤姐，这位“粉面含春威不露，丹唇未启笑先闻”的琏二奶奶，大观园里的当家人，不也似柔媚嫣然的罂粟花吗？虽然珠光宝气，却周身绣锦，嘴甜心辣，两面三刀，上头一脸笑，脚下使绊子，明是一盆火，暗是一把刀。她打理荣国府上上下下几百口人的大家庭用心良苦，里外周旋，四处奔走，浩繁的开支，弊端显露，危机日重，荣府里唯有她才能干练行令，清明治理了。可惜，凤姐是生错年代了，倘如生在政治清明的时代，保准是一名“治世能臣”，“巾帼英雄”。

薛宝钗自生下来，就“从娘胎里带来一股热毒”，病症多表现为经常“喘嗽”，有一剂药方能治好她的病，即“冷香丸”，此药方系偏方，是一个秃头和尚开的，名叫“海上仙方儿”。药方取春天的白牡丹花蕊，夏天的白荷花蕊，秋天的白芙蓉花蕊以及冬天的白梅花蕊制成。

贾宝玉生日当天晚上，薛宝钗抽花签子行酒令，抽到一枝牡丹签，上面写有“艳冠群芳”字样，宝钗心想，自己服用的药里也有牡丹花这药引子，果真应了“任是无情也动人”的诗句，宝钗是性情中人，而牡丹尽管无情无意却有动人的地方，感动之下必生情，牡丹花不就是薛宝钗么？

女儿与著名相声表演艺术家姜昆老师合影

这时我不禁记起李白在《清平调词》这样写牡丹："名花倾国两相欢，常得君王带笑看，解释春风无限恨，沉香亭北依栏杆。"那鲜艳的牡丹倾国倾城是写杨贵妃的。

牡丹故有"国色天香"之誉："国色朝酣酒，天香夜染衣。"自小读书习字，生性聪颖，容貌端庄，雍荣华贵，外表冷艳，内心炽热，又是名门显贵出身的薛宝钗，"国色天香"的牡丹花非她莫属了。

贾元春生于大年初一，这一天是中国人传统习俗里最上好的一天，生辰此日者，当是大福大贵。

元春父亲生日那天，宁荣二府张灯结彩，大摆筵席，所有人丁同来祝贺。六宫都太监突然来到府上降旨，吓得贾赦，贾政不知所措，立马撤去酒席，打开中门跪接圣旨，圣旨宣贾政即刻入朝参见皇上，史老太君等阖家人慌恐不安。不多久；太监出来宣旨道喜，原来是贾元春被晋封为凤藻宫尚书，加封贤德妃，入主花椒房，特许每月定期让椒房眷属及椒房贵人进宫请安。

贾元春当属椒花。过去，花椒房，殿名，系皇后居住的处所。它以椒和泥涂壁，目的是取其温馨和芳香，这是汉朝的事，后来代之统称后妃住处或后妃代称。

花椒有异香并有辛麻味，是调味料，也是祥瑞之物，给荣宁府带来皇亲国戚之尊号，让大观园爷们哥儿姐们着实添了不少荣华富贵者，就是元春这位椒花。她才德贤孝，集山川之秀，众芳之美，玉态典雅，华贵无比。

女儿与著名相声表演艺术家侯跃文老师合影

巧姐在《红楼梦》里被列入“金陵十二钗”正册，王熙凤是其生母，系金枝玉叶般的闺阁小姐，年幼多病。凤姐因巧姐多病，故请刘姥姥帮取个名字：一则借借你的寿；二则你们是庄稼人，你贫苦人起个名字，只怕压得住她，刘姥姥掐指一算，笑吟吟地说：“大姐们刚巧生于七月初七，这个正好，就叫她巧哥们，此乃‘以毒攻毒，以火攻火’的法子，日后大了，各人成家立业，或一时有不遂心的事，必然是遇难呈祥，逢凶化吉，却从这巧字上来。”巧姐的名字就这样得来了。

中国一些农村的田间地头常可以看到一种花——牵牛花。时逢“七夕”牛郎织女相会时开放。虽平凡而又娇贵，艳嫩可爱。贾府“势败”，凤姐身死“家亡”后，巧姐成了孤儿，差点被“狠舅奸兄”卖到烟花巷，危难之时，幸得刘姥姥救出。之后，刘姥姥把巧姐领到家里，与孙子板儿结成夫妻，男耕女织，过着牛郎织女般的日子，巧姐真与牵牛花有缘！

贾迎春之名与迎春花花季花期不期而遇，正应了花先叶后，枝小长细，棱披下垂，舒展如蒂，合中身材，腮凝新荔，鼻腻鹅脂，温柔沉默，观之可亲。贾府里的众小姐，每位都有一手，不是能诗，就是善画，唯独“二姑娘的诨名是‘二木头’，戳一针也不知嗳哟一声”。迎春花是报春花，早早就开放了，难怪在大观园里，迎春是最早出嫁的闺女。

贾府里的三姑娘探春是一位“才自精明志自高”的人，她慧智卓识，怀抱心机，行事干练，颇具开拓创新精神，王熙凤生病期间，她大刀阔斧整治大观园。“寿怡红群芳开夜宴”时探春抽了个签，签上写道：“得此签者，必得贵婿，大家恭贺一杯，共同饮一杯，”众人笑道：“我们家已有了个王妃，难道你也是王妃不成。大喜！大喜！”签上还用红字写了。“瑶池仙名”四个字，又引唐代高蟾诗句“日边红杏倚云栽”。“日”即皇帝的象征，“日边红杏”，就是皇帝身边的贵妇人，离王妃已很近了！“红杏”，在这里暗喻贾探春，杏花开于阳春三月，有红的白的，艳丽夺目，乃春天的闺秀。

“芙蓉与林黛玉”指的是木芙蓉，生长于陆地上，每年八、九月间开花，花冠淡红色或白色与荷花一样明艳动人。黛玉在“寿怡红群芳开夜宴”上抽花名签子行令，抽到了一枝木芙蓉，此花质雅众芳，明媚鲜艳，清涟不妖，亭亭净植，香远清怜，也属花之君子。林黛玉是一朵晚秋中哀愁连连摇摇摆摆的芙蓉花，她多病纤弱，傲世清高，见风流泪，望月伤悲，活脱脱一个薄命佳人。

《红楼梦》第六十三回，史湘云抽到一枝海棠签，上面题有“香梦沉甜”四个字，诗云：“只恐夜深花睡去，”黛玉笑道，“‘夜深’两个字，改‘石凉’两个字，”众人便知她趣白湘云醉卧的事。回到第六十二回，“憨湘云醉卧芍药晓”中，湘云果真喝醉过，隐隐约“花丛中的一个石凳子上睡着了，四面芍药花飞了一身，满头脸衣襟上皆是红香散乱，手中的扇子在地下，也半被落花埋了。一群蜜蜂闹嚷嚷地围着她，又用鲛帕包了一包芍药花瓣枕着，众人看了又是爱，又是笑，忙上来推唤挽扶。湘云口内犹作睡语说酒令。”可见，史湘云好似妩媚倩形，绰约花光的睡海棠。

第五回这样写道：“今既遇令祖宁荣二公剖腹深嘱，吾不忍《红楼梦》君独为我闺阁增光，见弃于世道，是特引前来，醉以灵酒，沁以仙茗，敬以妙曲，再将吾妹一乳名兼美，字可卿者，许配于汝。今夕良时，即可成姻。不过令汝领略此仙闺幻境风光尚如此，何况尘境之情景哉？而今后万万解释，改悟前情，留意于孔孟之间，委身于经济之道。可见警幻的“再将吾妹一人，乳名兼美，字可卿者。”显然是秦可卿，配以“仙客来”这花名是当之无愧的。这种花一般生长在冬春之间，花分四瓣，有红、白、黑、紫几种颜色，花瓣上卷，花心向下。

女儿在公园留影

仙客来秦可卿姿态秀逸，光艳照人，兼俱黛玉宝钗之美，温婉可亲，缠绵风流，大有超凡脱俗之风范。

李纨是一位雅致聪慧的女子，出身名门官宦，为恪守封建礼教的代表人物之一，她明事达理，秀外慧中，嫁给贾宝玉的哥哥为妻不久，青春丧偶。贾宝玉生日那天晚上，李纨抽到的是梅花签，上面写有“霜晓寒姿”几个字，并有王淇的诗：“竹篱茅舍甘心。”何为“竹篱茅舍”？因为大观园里的哥儿姐儿们住的是雕栏玉砌，画凤绘龙，锦簇花团的屏风阁楼，唯有李纨住稻香村，稻香村即农家院，有田有地，居者可入种瓜种豆，鸡鸣狗吠之境，李纨俨然一个农家妇人。但即使是贾府里，这样一位贤妻良母，也要面对孤独凄凉和不幸的命运。在贾府大祸临头，破败四逃之时，唯有她处变不惊。一生饱受如寒冬岁月般的考验，因此有了后来，寒冬腊月，万木凋，百花谢，独自梅花一枝开的结局，李纨是梅花，是大观园里的一枝梅花！

贾敬之女，贾珍胞妹，贾府四小姐贾惜春，年龄尚小，擅长绘画，贾母曾叫她画过一幅《大观园行乐图》，很见功力。

在大观园里，她与妙玉关系最好，受妙玉“欲法何曾洁，云空未必空，可怜金玉质，终陷淖泥中”。影响犹深，惜春有白净香寒，雅素溢艳之美，却痛切地感受到了“勘破三春景不长”的氛围，三位姐姐最终都没有幸福美满的结果，使她“了悟”了。

妙玉出生于苏州一仕宦人家，因幼年多病，家人只有送其入佛门，带发修行。贾府上下都知道她是官宦小姐，能诗擅画，就特下了帖子请她进来，寄居在栊翠庵，纷繁的大观园分明是一个花花世界，更反衬出偏居一隅清静无为的妙玉的高雅，这也应正了“芝兰生于深谷，不以无人无不芳，君子修道立德，不为困穷而改节”之意，有这般诗情画意的，就是素有“王者之芳香”风范的兰花。妙玉以兰花喻其身，以兰香幻化其质，兰花就是妙玉，妙玉就是兰花。靓若仙姿，玉颊素月，肃然冰霜，好一个“气质美如兰，才华阜比仙，天生成孤僻人皆罕。你道是啖肉食腥膻，视绮罗俗厌，却不知太高人愈妒，过洁世同嫌。”

妙玉有淡泊清净，心若止水的性格，而兰花有淡雅清幽，香飘空谷之品性，真是天人合一！

《红楼梦》是中国古典小说的经典巨著，它穷尽了人类文化艺术画卷的璀灿光芒，从中可辐射出文字艺术的宝藏之光，比如美术作品创作。

《雅芳图》这幅画摄取了《红楼梦》中大观园里的一个镜头，让十二金钗同时进入画面，定格在绿茵覆盖春色妩媚的芳草地。她们多自以花自翊，各自开花生情，又具风貌特色，琴棋书画，怡悦，雅然悲怨。是人间更似仙境，人间：十二朵香飘四溢的雅芳永远留住了春天；似仙界：太虚幻境，芳草碧连天，芳华伴流年。

让人们心中珍藏这美好时光。

个 人 简 历

1963年11月17日生于云南晋宁昆阳。

1969年入本村金龟小学读书。

1974年入昆阳中学。

1976年入晋宁县第一中学。9月为学校校刊绘制大幅宣传画《唤起工农千百万》、《毛泽东主席肖像》。

1979年8月由地方高考入昆明陆军学院指挥系。

1983年分配到中国人民解放军云南某部任排长。

1986年调入云南省军区某部任职。6月开始长达五年的书法《红楼梦》长卷创作。

1991年开始油画创作。

1993年8月书法《红楼梦》长卷入展西南首届昆明进出口商品交易会。中央电视台、《人民日报》、新华社等二十多家媒体作过报道。

1994年4月首创中国书法艺术三项“吉尼斯世界纪录”，《人民日报》、《光明日报》等报刊媒体作过报道。

1994年完成油画《春风亲拂》创作。

1995年完成油画《花样年华》、《一缕阳光》创作。

1995年12月——2006年2月，《红楼梦》人物系列油画创作。

2002年巨幅油画《知音图》创作完成。

2005年巨幅油画《雅芳图》创作完成。

作者简介

李放，藏书家、电视节目策划人、自由撰稿人、搜狐网、雅昌艺术网专栏作家。《唯美至上—中国艺术家之最丛书》总撰稿。所著多卷本《唯美至上—中国艺术家之最丛书》在各大书店脱销多次，被不少业内专家誉为近年来最具可读性和文献价值的艺术类图书。所著《进攻、进攻、再进攻—2006年世界杯永久珍藏版》被很多读者认为是近年来所写出的“激动人心，文采飞扬”的文字。拥有个人藏书两万余册。广泛涉猎文学、历史、艺术、收藏、音乐、社会学、哲学、军事学、体育等诸多领域。为中央电视台、凤凰卫视、上海东方卫视及各省、市卫视策划电视节目近百部。为中央电视台“军情连连看”栏目策划“五一”长假特别节目“战争与足球”，及“血战奇谋话长征”特别节目，在社会上引起较大反响。

在《光明日报》、《北京青年报》、《足球》、《世界体育报》、《人物周刊》、《周末画报》、《中国商报》、《海峡时报》等报刊发表各类文章千余篇。